Francisco X. Fernández Naval

Nueva York: cielo y manzana
New York: Sky and Apple
Nova York: ceo e mazá

English translation by
Craig Patterson

Nueva York, 2017

Title: Nueva York: cielo y manzana / New York: Sky and Apple / Nova York: ceo e mazá
ISBN-10: 1-940075-45-9
ISBN-13: 978-1-940075-45-7

Design: © Ana Paola González
Cover & Image: © Jhon Aguasaco
Author's photo by: © Maribel Longueira
©"Negriño en Nova York" HERDEIROS DE CASTELAO E EDITORIAL GALAXIA S.A.
Editor in chief: Carlos Aguasaco
E-mail: carlos@artepoetica.com
Mail: 38-38 215 Place, Bayside, NY 11361, USA.

© Nueva York: cielo y manzana, 2017 Francisco X. Fernández Naval
© Máscara e labirinto, 2017 Eva Veiga
© English translation, 2017 Craig Patterson

© Nueva York: cielo y manzana / New York: Sky and Apple / Nova York: ceo e mazá, 2017 for this edition Artepoética Press

All rights reserved. No part of this publication may be reproduced, distributed, or transmitted in any form or by any means, including photocopying, recording, or other electronic or mechanical methods, without the prior written permission of the publisher, except in the case of brief quotations embodied in critical reviews and certain other noncommercial uses permitted by copyright law. For permission requests, write to the publisher, addressed "Attention: Permissions Coordinator," at the address below: 38-38 215 Place, Bayside, NY 11361, USA

Todos los derechos reservados. Esta publicación no puede ser reproducida, ni en todo ni en parte, ni registrada en o transmitida por, un sistema de recuperación de información, en ninguna forma ni por ningún medio, sea mecánico, fotoquímico, electrónico, magnético, electroóptico, por fotocopia, o cualquier otro, sin el permiso previo por escrito de la editorial, excepto en casos de citación breve en reseñas críticas y otros usos no comerciales permitidos por la ley de derechos de autor. Para solicitar permiso, escríbale al editor a: 38-38 215 Place, Bayside, NY 11361, USA.

"Negriño en Nova York. Debuxos de Negros". "Negrito en Nueva York. Dibujos de negros". "Black Man in New York. Drawings of Black People". Alfonso Daniel Rodríguez Castelao.

Contenido

Nueva York: cielo y manzana	7
Máscara y laberinto	9
Metrópolis	15
Harlem	17
Walt Whitman	19
Museo judío	20
Wall Street	21
Strangers in the Night	22
Brooklyn	24
Columbus Day	26
Negritud	28
11	29
World Trade Center	30
New York: Sky and Apple	33
Mask and Labyrinth	35
Metropolis	41
Harlem	43
Walt Whitman	45
Jewish Museum	46
Wall Street	47
Strangers in the Night	49
Brooklyn	51
Columbus Day	53
Negritude	55
11	56
World Trade Center	57
Nova York: ceo e mazá	59
Máscara e labirinto	61
Metrópole	67
Harlem	69
Walt Whitman	71
Museo Xudeu	72
Wall Street	73
Strangers in the Nigth	75
Brooklyn	77
Columbus Day	79
Negritude	81
11	82
World Trade Center	83

Nueva York: cielo y manzana

Francisco X. Fernández Naval

Octubre 2014 - Abril 2016

Máscara y laberinto

> *Be kind to me,*
> *oh, great dark city.*
> *Let me forget.*
>
> Langston Hugues

Infinidad de miradas, pasos incesantes, encrucijada de caminos por donde la historia rehace una y otra vez su quimera. He aquí la ciudad. Continua mudanza de una multiplicidad en eterna repetición, recomponiéndose siempre desde sus fragmentos y a través de los espacios en los que la vida se modula en flujos, ecos, resonancias, ajustes y nuevos significados. Sin embargo, no queremos plasmar aquí una significación abstracta: hablamos de la lucha ímproba de hombres y mujeres por su supervivencia en la híbrida maraña de intereses y ritmos diversos, en el candor y en la demencia del monstruo que, de modo extrañamente natural, vamos alimentando mientras nos devora si no somos conscientes de sus garras –racionalismo dominante, desarraigo, individualismo, masificación, estrés, crecimiento indiferenciado-. En efecto, esa urbe sobredimensionada es el lugar, ciertamente intrincado, en el que suceden la más noble y creativa epopeya humana junto a las conductas más abyectas.

Pero si alguna ciudad ejemplifica por antonomasia esa condición del exceso ésta es, sin duda, Nueva York. Destino de miles de personas, abocadas a ser pronto peregrinas que vadean sin descanso su retícula, las fauces hambrientas de su monstruo son, tal vez, las de un Cronos contemporáneo que, a riesgo de quedarnos fuera de su engranaje, apenas deja tiempo para la pausa y la contemplación. Y es precisamente por ello que se hace necesario un más detenido enfoque para que ese vértigo, e incluso la trama oculta de la ciudad, ventile sus entrañas en un desvelamiento al que continuamente contribuyen los campos del arte, del pensamiento y de la ciencia. Con todo, será la poesía la que escriba, quizás, el texto más sutil y revelador de la megalópolis, la que a través de su propio romper la norma pueda, no sólo dar cuenta de las diferentes dislocaciones de la vida urbana, sino ser la herida misma y su denuncia. Plegaria y canto. Así actúa la poesía contundente y conmovida de F. X. Fernández Naval en este libro titulado *Nueva York: Cielo y manzana*. Un volumen en donde, bien en alusión manifiesta, bien en diálogo intertextual, el autor escoge la compañía ética y estética de voces amadas. En su mayoría son creadores extranjeros para los que la experiencia de esta ciudad americana representó un choque y un punto de inflexión para su obra escrita, al tiempo que esas mismas producciones iban a resultar emblemáticas en el proceso de poetización de la gran metrópolis (Whitman, Mark Strand, Adonis...). De igual manera tienen aquí fuerte presencia nombres igualmente significativos para la cultura gallega, como Castelao, García Lorca, Luís Seoane o Celso Emilio Ferreiro.

En cualquier caso, *Nueva York: cielo y manzana* supone también un cambio estilístico importante en la extensa y reconocida poética de Fernández Naval. Cambio que se evidencia ya a primera vista en el propio verso, más largo y, en ocasiones, abrupto, que constituye la huella formal de un recorrido alerta y sorprendente por las extensas avenidas de Manhattan, pasajes de un ritmo frenético que lo penetra todo y al que ni tan siquiera la escritura se puede substraer. Escritura poética, que se vuelve en este libro más directa y narrativa, descarnada incluso, y que incorpora términos relativos al lenguaje propio de las nuevas tecnologías o de la globalización. Porque, al fin, de lo que se trata es de comprender nuestro mundo contemporáneo justamente aquí, en su epítome capitalista, "en el vértice occidental del sueño y del deseo" según la define un sujeto poético que no se deja engañar por las apariencias. Por el contrario, bajo el *lifting* facial de la Gran Manzana –siempre maquillándose en su propio espejo de cristal-, se nos descubren las excrecencias, las ampollas y verrugas de los barrios marginales y de los seres olvidados de esa gran metrópolis; máscara del imperio que todavía oculta en su vientre otro catálogo incriminatorio de cánceres y supuraciones: "Siria, Irak, Sahara occidental, Palestina, Afganistán, cinco excrecencias/ que no agotan la intervención en la historia./ Sumemos, si acaso, el cáncer de América Latina/ y la gangrena de África".

Efectivamente, como escribió Noam Chomsky, un hecho crucial respecto de los Estados Unidos es que éstos nacieron con un explícito propósito imperialista y simultáneamente de segregación racial que alcanzaría a la población india aborigen, negra y latina. Intenciones éstas sin duda paradójicas si consideramos el modo en que aquellas primeras colonias se enfrentaron a Gran Bretaña para erigir, finalmente, el primer sistema político y democrático del planeta. Pero, en éste y en otros sentidos, conviene leer la historia como nos recomienda Walter Benjamin: "No hay documento de cultura que no sea a la vez un documento de barbarie". Una barbarie que el gran poeta de América, Walt Whitman, creía conjurar con su poesía y con la fe en un eros vitalista y fraternal que elevaría no solo al individuo a una plena relación con los otros y con el cosmos, sino también a la propia nación como comunidad facilitadora de seres libres y felices. No se cumplieron, tal vez, sus profecías, pero nadie falla en el sueño al que dedica el amor de toda una vida. O, como indica Gilles Deleuze, "la fabulación creadora es el reverso de los mitos dominantes, de las palabras en curso y de quien las pronuncia, es un acto capaz de crear el mito en lugar de sacarle beneficio y explotarlo". De este modo, el poema continúa siendo necesariamente el no-lugar de la utopía y, al mismo tiempo, el substrato fundamental y el legado más auténtico de una cultura determinada pues es depositario espiritual y material de sus anhelos, de sus miedos, de sus contradicciones...

El yo poético de este libro desea celebrar con total proximidad al bardo de Long Island, el "poeta de la totalidad" como lo definió Czeslaw Mislosz, visitando su casa y el jardín de la infancia: "haciendo mío lo que fue suyo y todavía percibo, poeta del cuerpo, poeta del alma,/ en cada átomo". Y porque verdaderamente se escribe con todas las células del cuerpo y con todos los sentidos abiertos, el poeta *flanêur* mira, toca, huele y, sobre todo, escucha. Y lo que oímos como telón de fondo a lo largo de estos once poemas de *Nueva York: cielo y manzana* es la banda sonora de la ciudad; una urbe en la que millones de ratas, siempre compitiendo por la comida con los más desfavorecidos, acechan: "el estrés no les impide/ escuchar el aliento de los hombres basura, los pasos, el motor del camión, las voces/ el rugir de los recuerdos". Pero germina también otro recordar telúrico de ritmos ancestrales. Será Harlem, corazón de una negritud que continua sin perder jamás el vínculo liberador con la música, mientras lucha por sus derechos civiles entre olas criminales de racismo: "trompeta, rostros brillantes de sudor y *soul*, sonido de garnacha en el firmamento oscuro./ En la acera los tambores baten en la piel de la tarde/ fulgor de un relámpago anterior a la memoria". Esta memoria remota es también la de ese lugar primigenio sobre el que se asienta la nación americana, pero antes de ser América, porque "Existió un lugar primero, laberinto de castor,/ negro temblor de invierno sobre el que articular un sueño,/ grieta que avista el crepúsculo, ese perfil de sombra/ o de silencio, ese vacío anterior al vacío primero". Efectivamente, antes del fusil y de los rascacielos, existió un silencio primitivo bajo la piel de la tierra en donde los roedores excavaban sus túneles y las semillas meditaban la diversidad de sus frutos; la misma tierra que en su superficie acogía miles de naciones y de lenguas. Tal vez hoy sólo en Brooklyn podríamos sentir ese caminar sereno de la vida nutriéndose simultáneamente de la riqueza multicultural que habita este populoso e histórico distrito: "Hay aquí un aire de patio familiar,/ de carrera de niños en la escuela,/de jardín que bosteza bajo el temblor de los cedros y los arces". Sin duda, éstos son los lugares de la vida que, no obstante, ahogan bajo los gritos inconexos, sin sentido, de Wall Street o bajo el estruendo de los drones. Wall Street, centro financiero donde se deciden los destinos de países y de millones de personas que sólo son números para quien, poseído por la adicción al dinero, al éxito o al poder, copula con la ley de la oferta y la demanda, especulando con las ganancias obtenidas de productos que nunca tocaron sus manos ni verán sus ojos. Orgasmo del vacío en el vacío o paroxismo de una violencia ahora enmascarada por el éxito y la camisa blanca que, sin embargo, lleva como una inscripción en la sangre el resonar de aquella carnicería entre bandas en los orígenes de la metrópolis tan bien retratada por Scorsese en *Gangs of New York*.

Ésa es la sangre –también hoy en día real- no solo de los pavos y patos que a cada momento se sacrifican para el gran consumo, sino de las víctimas de esas guerras que tanto la geopolítica como la orgía diabólica del capitalismo demandan y diseñan. Víctimas también en casa. Miles de muertos por el bumerang que regresa guiado por la mano de un siniestro terrorismo hasta estrellar su letal venganza contra las emblemáticas Torres Gemelas del World Trade Center, símbolo inequívoco del imperio. Un atentado que el fatídico 11 de septiembre dejó a la megalópolis y al mundo entero inmersos en una perplejidad indescriptible: "En la pantalla la imagen era el humo del silencio,/ el anuncio de un futuro incierto:/ *All bellow us. Metal reason to kill or to die*". En efecto, triste impugnación al himno pacifista de Lennon y perversa entrada en ese terror preventivo del que habla Jean Baudrillard: "El terror destilado por todas partes, el sistema acabando por aterrorizarse a sí mismo bajo el signo de la seguridad: esa es la victoria del terrorismo". O, en todo caso, conmoción que pide un camino distinto, quizás una vuelta al silencio, a los orígenes, para empezar de nuevo, tal y como se solicita en los últimos versos del último poema de este libro: "Mejor una lámpara, una lámpara humilde, fuego ancestral/ prendido a la inocencia del dolor,/ en la anunciación del desamparo". Desamparo éste inscrito en todos los órdenes de la existencia pues no alcanzamos a ver por ninguna parte una salida del laberinto.

Laberinto o caos. He aquí la principal metáfora –junto a la de la máscara- que articula este magnífico poemario, por otra parte, todo él constelado de imágenes originales y poderosas –como "memoria de la paz columpiándose en la cruz/ que cuelga de un clavo y cae con el estruendo de lo inefable"–. Imágenes que establecen con el lector o lectora ese vínculo directo entre una y otra alma, ese contacto de dos seres felices de hablar y de escuchar(se), tal y como lo entendía G. Bachelard quien, a su vez, caracterizaba el laberinto como "máximo exponente del adentro ensimismado". En este sentido, también en Nueva York el laberinto es imagen de un inextricable sistema financiero en el que habita el minotauro de la globalización económica: "Wall Street, cubil estrafalario de intereses y réplicas,/ laberinto en donde Atlas extravía los pasos". Porque, ciertamente como Titanes o Teseos perdidos en el dédalo de la sofisticación ilimitada, todos los seres humanos vagamos en la búsqueda de un sentido que, a menudo, se esconde en el propio lenguaje y se prostituye cuando a través de él se postulan, por un lado, las más elevadas teorías humanistas, mientras que, por otra parte, se contradicen esos mismos principios con prácticas ignominiosas aceptadas, en gran medida, por nosotros como irremediables. Corrupción del pensamiento y, en consecuencia, de la vida. Una vida contemporánea extendiendo a una velocidad vertiginosa, día a día, la complejidad de sus redes. Un laberinto reticular que, según Umberto Eco, "revela nuestros grandes miedos, nuestras contradicciones internas y nuestra ilimitada capacidad de error. A fin de cuentas, nosotros somos nuestro propio minotauro".

Y, sin duda, en este sentido de revelación, de anagnórisis, la poesía nos invita a tomar un camino que se aleja radicalmente de esa "lógica de la confusión". Dado que la suya no es una vocación unívoca, sino plurisignificativa gracias a esa visión privilegiada de todos los sentidos posibles, la palabra poética nos ayuda a discernir el rostro heracliteano y real de lo que somos". Ver hasta donde la razón no llega o nos impide arribar. Por este medio de decostrucción que es la poesía, de la mano de su hilo luminoso y liberador, se aproxima Fernández Naval a la asombrosa ciudad de Nueva York y lo hace, asimismo, siguiendo el rastro que le ofrece su particular Ariadna: Gertrud Herber a quien intuimos en la fuga del holocausto para llegar, tras una ardua travesía, al refugio de Brooklyn; mujer concreta abriéndose paso por entre los múltiples dédalos de la urbe; la que grafía en pequeños cuadernos su propia historia y, paralelamente, también la de su tiempo: "Ella escribía en su *notebook* delgado y de tapas negras,/ palabras en la máscara del imperio, cincuenta y seis estrellas/ en la órbita de la sinagoga, en la luz del candelabro". He ahí la palabra como testimonio y esperanza. La palabra (re)percutiendo desde el corazón de una mujer que se llama Gertrud. Poco más sabemos de ella, pero es suficiente para percibirla como símbolo de esa humanidad capaz, todavía, de generar esperanza. Suficiente para sentirnos en contacto con el misterio, esa almendra oscura desde la que se irradia la luz del poema. Gertrud es la "otra", el "otro", la "otredad" a la que la poesía nos acerca. Único modo de encontrarnos con nosotros mismos. Allí en donde anida "la indescifrable luz del laberinto" como dice el verso de J. A. Valente.

Eva Veiga

> *Oscuros cielos*
> *Que acumulan nubes,*
> *almacenan truenos.*
> Adonis
> "Paseo por Harlem". *Epitafio para Nueva York*

Metrópolis

La metrópolis brilla en el horizonte,
coordenada axial en su perfección de acero.
Llama, palpita, vive en el vértice occidental del sueño y del deseo.
Respira en el vapor de los sumideros y del río.
La metrópolis es el rostro del poder,
gesto distante y reclamo a un tiempo: banderas flameantes,
almenas de cristal, almendra, alerta de un viento que nunca nos responde.
Tentáculo de esperanza, la metrópolis es la máscara del imperio,
cobijo de carúnculas bajo el lifting facial.
Cráteres del alma. Verrugas, excrecencias
que en la distancia hierven y supuran, bullen, como las calles
al despertar del día. Pena de tangaraño (*),
de paños bendecidos por el cuerpo del santo,
de ir cautivos y regresar curados.
Un tumor asoma en la parte superior izquierda de la nariz;
otro en la mejilla derecha, que no se ofrece, desafía;
el tercero por el lado zurdo de una comisura portuaria en blanco y negro;
el cuarto por el centro bajo labios de neón;
el quinto en la quijada que se endurece y especula hacia el sur.
Ella saca el cuaderno del bolso, lo abre en una página en blanco y escribe versos.
Subió en Steinway Street y bajará en Rockefeller Center.
Tiene cinco verrugas en el rostro y un poema prendido al alba.
Siria, Irak, Sahara occidental, Palestina, Afganistán, cinco excrecencias
que no agotan la intervención en la historia.
Sumemos, si acaso, el cáncer de América Latina
y la gangrena de África.
Cinco carúnculas. Son cinco gritos y cincuenta estrellas.
El rostro del poder: I have not looked for equals and lovers.

Nueva York: cielo y manzana / New York: Sky and Apple / Nova York: ceo e mazá

Cinco verrugas en el rostro. La despejada frente de cristal,
un poema que percute como el ritmo del metro en los suburbios de la noche,
como la bestia que perfora la madrugada cuando cruza Michoacán,
capital de los decapitados, camino de Chihuauha.
Viste cazadora verde de cazar palabras.
La espalda seca, cazadora blanca, golondrina entre versos
suspendidos de Steinway Street a Rockefeller Center, siete estaciones,
cinco tumores: Gaza, Tinduf, Alepo, Mosul, Guantánamo.
Los niños duermen en la cuna mecidos por el estruendo
bajo la sombra de los drones. Los niños duermes sin saber
que la sombra del pájaro reventará en aliento de fuego, no en sueños.
Los sueños hace tiempo que se ahogaron en la podredumbre del limón,
en el fragor de las ampollas, en la sinalefa
de las explosiones, en la evolución de la hoguera.
Los niños mueren y sus brazos cuelgan de un lamento
como estambres de sal. Trofeos de cazadora blanca,
desgarro y carne recogidos en los selfys de los soldados que navegan por un
mar invisible.
Cinco granos en la máscara del verso,
cincuenta estrellas y un nonagrama: cuatro líneas blancas, cinco encarnadas.
Ella escribía en su notebook delgado de cubiertas negras,
palabras en la máscara del imperio, cincuenta estrellas
en la órbita de la sinagoga, en la luz del candelabro. *América,*
que Dios repare tus defectos
y corone tu bondad con la hermandad del océano.
América, en la estela de un Dios oscuro y sin palabras.
Metrópolis. El rostro del imperio. En Rockefeller Center o
en Chrysler Building, en donde Craig encontró una manzana sin nombre
en el piso veintiuno de una línea del cielo. Mirada altiva que acecha y que vigila,
prendida a un twitter, a un suspiro limitado en sílabas,
el futuro del mundo reducido a ciento cuarenta caracteres.

(*) Según la creencia popular es una enfermedad causada por el diablo, que ataca a los niños provocando raquitismo y deformidad. Se cura en San Benito de Cueva de Lobo, pasando al niño por un hueco entre rocas. Una mujer se lo entrega a otra, situada del otro lado de la concavidad, al tiempo que le dice: Ahí te va el tangaraño, va enfermo, devuélvemelo sano.

> *Escucho lágrimas que retumban como volcanes*
> Adonis
> "Harlem". *Epitafio para Nueva York*

Harlem

Ciudad arriba. Updown. Parada 43. Ojos sonámbulos en el 110.
Algo cambió. Suben al autobús las Rosas de Nueva York,
con bastones, andadores, cargadas con las bolsas negras de la igualdad,
con la magnitud de la estirpe y de la sangre.
Rostros de una fatiga anterior, miradas de sosiego,
acostumbradas a leer imponderables en los posos del café.
Y siempre hay alguien que se levanta, mulato, blanco o negro,
alguien que se ofrece y cede un lugar cercano a la salida
con la inexpresiva indiferencia de lo cotidiano.
Algo cambió. Más allá del paralelo 112 somos los únicos blancos en el autobús
abarrotado de cansancio y de sueño.
Bajamos en la 125, en el bulevar que recuerda a Luter King y la no violencia.
King, asesinado porque tenía un sueño,
porque la vida de un negro no tiene precio. Algo cambió,
pero no todo. En las calles
el viento barre las hojas otoñales de los derechos civiles.
En las encrucijadas se amontonan las bolsas blancas de basura igualitaria.
Caminamos hacia el teatro Apolo
con su cielo de estrellas en la constelación de voces de algodón
que abarcan hemisferios. Corazón azul de negritud,
trompeta, rostros brillantes de sudor y soul,
sonido de garnacha en el firmamento oscuro.
En la acera los tambores baten en la piel de la tarde,
fulgor de un relámpago anterior a la memoria.
En Central Park el sol prende en las ramas del crepúsculo.
Un esplendor gótico emerge por entre el vapor de la batalla
que no fue ni derrota ni victoria. Gótico, no.
Un reflejo neogótico emerge, contemporáneo y viril,
en la ladera acotada. Battle of Harlem Heights, el cólico.
Expresión de inocencia perdida,

Nueva York: cielo y manzana / New York: Sky and Apple / Nova York: ceo e mazá

flor y ángel oscuro,
hogar de la oración de todas las naciones,
de las siete etnias convocadas al interior del ábside,
memoria de la paz columpiándose en la cruz
que cuelga de un clavo y cae con el estruendo de lo inefable.
Velocidad terminal, laberinto visual, información cinética.
Algo cambió, pero no todo. Shooting of Brown
Shooting of Brown, shoot, shoot, red news sobre la piel
de cualquier Harlem.

> *Whitman, todos y yo, nosotros somos tu epitafio*
> Luis Alberto Ambroggio
> "Corolario". *Todos somos Whitman*

WALT WHITMAN

El pozo de la casa de Walt Whitman
todavía se llena con el agua que mana
del mismo manantial que alivió
su sed de esperanza.
El cuarto en donde nació Walt Whitman
todavía conserva
el eco de su llanto inaugural, de su primer canto,
enmarcado en el cielo azul de prusia
que la mano del padre pintó para muestrario de una casa que es patria.
En el jardín donde jugó Walt Whitman
crecen hojas de hierba
que brotan de los pies desnudos que batieron con danzas ancestrales
sobre antiguas simientes.
El país que soñó el fundador de la nación
se ocultó hace tiempo de las cien miradas,
de las frentes que interrogan, del esplendor del incienso.
Se escondió la sombra en la distancia del cristal,
en la transacción de almas, esquivo roer que mata,
crisálida de dolor y de victorias que no restauran la paz
ni cicatrizan la sangre.

Yo quisiera celebrarme aquí,
haciendo mío lo que fue suyo y todavía percibo:
poeta del cuerpo, poeta del alma,
en cada átomo. También en los errores
en la contradicción, en el párpado de la vejez y el desamparo,
en la irreverente pasión, en lo oscuro,
en sus dientes de tigre, en su labios de amor.

Nueva York: cielo y manzana / New York: Sky and Apple / Nova York: ceo e mazá

> *Rescato ahora, desentierro ahora,*
> *pasado medio siglo,*
> *los signos desvaídos y resucitados...*
> José Hierro
> "Cantando en Yiddish". *Cuaderno de Nueva York*

Museo judío

Construyeron el búnker
en Battery Park, delante de la diosa estatua o estatua de una diosa altiva,
ante la isla de los cuarenta días y del final del sueño.
Construyeron un búnker para albergar memoria,
real, pero agostada, no por la historia en sí, ni por el dolor, ni por la iniquidad,
sino porque nada nos dice de la constancia criminal de la ocupación, del asedio,
del exceso de obuses, de las huellas de las botas
sobre el polvo que el viento mueve
desde hace siglos. Nada dice de los tanques, nada del agua ni de su carencia.
Construyeron un búnker para acoger los rostros
de otras sombras, la burocracia del éxodo, el humo del exterminio,
pero no el exilio de los refugiados, la flor vencida de la granada,
el océano de voces que en las mezquitas se mecen como ondas
de un peregrinar errático, la mirada que procura el futuro
en el abierto firmamento del desierto.
Aquí no hay sitio para el colono militar
que ocupa el corazón de la esperanza,
ni para la clonación del muro de la infamia. Los elegidos
construyeron el búnker en Battery Army, delante de Ellis Island,
en un tiempo de langostas que acompaña la visión del fuego,
de jóvenes que recorren avenidas con la espiga y el limón, ofreciendo una sonrisa
de cera y una canción antigua, carocha que se retuerce
en un aire de espejos. No, aquí no cabe la heterodoxia,
solo la piedra de la ley y la ocupación de la historia.

> *Al atardecer*
> *cuando la Bolsa atranca sus puertas,*
> *cien niños convertidos en antorchas*
> *incendian de luz los arrozales.*
> Celso Emilio Ferreiro
> "Crónica bursátil". *Antipoemas*

WALL STREET

La japonesa insólita en su exaltación turística
se ofrece encaramada sobre el pitón izquierdo del toro que amaga,
pero que no se mueve.
Colgará el retrato en facebook y brillará en la red.
Wall Street, cubil estrafalario de intereses y réplicas,
laberinto en donde Atlas extravía los pasos.
Telaraña del sol.
Hilos de cotización, costuras con las que abarcar el orbe,
confusión de un Teseo agónico que bebe pócimas en vasos de cartón,
broker que devora sánwichs a impulsos
y muere bajo la mesa en el orgasmo de la capitalización,
vestido de camisa blanca y de corbata negra.
En la calle, el minotauro pesa, pero no se mueve. Resiste el embate diario
de las cámaras, de las voces y de las ingles del naciente sol.
Preso de sí, arrogante, impotente,
distante, el monstruo escucha el valor del Nasdaq, el cierre del Dow Jones
el precio del barril de crudo procedente de los límites del imperio.
El rumor de voces ahoga el vaho azul de su aliento, el delirio y el grito.
Mediodía. Arroz con pollo y azafrán en tapewer de poliuretano, a la sombra del árbol
en donde negociaron los hijos del Mayflower. El hábito de los brokers.
Baja Manhattan,
aislada del East River por la frontera de hormigón y la corriente de tráfico.
Los héroes sueñan con conquistar la cámara, con poseer a Ariadna
en la corriente estrábica de la especulación y el frío, sobre la mesa del índice,
bajo la campana dorada, manipulando el embate sin alambres
ni goma, columpiándose voraces con la convulsión y el grito,
salivando contra los pezones de un sol que no se pone,
have a koke, have a koke, el héroe se masturba entre los labios de las opas
encaramadas en los cuernos del monstruo, en las nalgas del mundo.

Nueva York: cielo y manzana / New York: Sky and Apple / Nova York: ceo e mazá

> *Debajo de las multiplicaciones*
> *hay una gota de sangre de pato.*
> *Debajo de las divisiones*
> *Hay una gota de sangre de marinero.*
> Federico García Lorca
> "NEW YORK, Oficina y Denuncia". *Poeta en Nueva York*

STRANGERS IN THE NIGHT

A Terry Berkowitz

Cada día Nueva York sacrifica a la diosa miles de palomas,
millones de vacas y de cerdos, de pollos y de sueños.
Cada amanecer miles de patos y de pavos sin plumas giran
en el carrusel de las calles,
del shoping, del restaurante chino, del menú económico. Cada mañana los peces
se vuelven abalorios.
El pollo sin hueso dentro del pato sin hueso, dentro del pavo. *Turducken:*
metáfora del imperio. Las cosas, cuando procuran el orden desvelan el vacío, y
cada noche, millones de ratas rondan los cuerpos de los mendigos,
de los desahuciados. Millones de ratas penetran en las cuencas desorbitadas
por la sombra,
espantan gatos, correteando por entre las bolsas de basura, negras y blancas,
que guardan los restos de los millones de vacas, cerdos, pavos,
pollos, peces, patos y palomas que cada día se ofrecen en festín sin mácula.
En el filo del estrés las ratas seleccionan los restos orgánicos
y la memoria de los vencidos.
Escogen el aguacate,
la *persea* americana que llega desde el sur, encaramada a los pómulos de la bestia.
Marea o fruto invencible de piel oscura y de palabras.
Las ratas perforan el plástico y penetran en el corazón del estiércol.
El estrés no les impide escuchar el aliento de los hombres basura,
los pasos, el motor del camión, las voces,
el rugir de los recuerdos. Los pasos y las palabras tienen la piel oscura del aguacate
y sueñan en inglés, confiando en la bondad del imperio
que los redimirá de la noche,

del infortunio de las ratas, de la nostalgia,
del sacrificio matinal del abalorio y de la carne.
Yes I can, repiten. I can, I want, I like. I want, I can, I like.
Salmodia del desierto.
Los desterrados recorren las calles conviviendo con el estrés,
Con el roer de las sombras.

Nueva York: cielo y manzana / New York: Sky and Apple / Nova York: ceo e mazá

> *Alguien dijo: ¡Oh, cuántos recios emigrantes sufridos*
> *Permanecen para siempre bajo las corrientes de este río amarillecido,*
> *Por el gran puente de Brooklyn, orgullo de los Estados Unidos!*
> *Este puente de aceros elevados sobre Nueva York*
> *Tiene miles de roscas, de tornillos, de aceros.*
> Luis Seoane
> "El Puente de Brooklyn". *Fardel de exiliado*

BROOKLYN

Hay, aquí, un aire de patio familiar,
de carrera de niños en la escuela,
de jardín que bosteza bajo el temblor de cedros y de arces,
un remanso de pasos sin medida,
mercado de objetos usados en mañana de domingo,
diadema de halcón, espiral de mirlos.
Lugar para morir. Un tiempo de campana,
de sol de cementerio, de ola fantasmal en la playa de Coney Island.
Por detrás de las ventanas,
las estancias respiran en el círculo de la tarde,
en el olvido de los esclavos náuticos
que afirmaron el puente sobre el lodo de siglos.
Las sombras bailan sobre la alfombra
y giran en la elipse de un carrusel de lata.
Los recuerdos se amansan bajo el cielo estrellado
que ondea en la solapa, en el canto, en la mirada.
Saxo tenor y ritmo de poema.
Aquí arribó Gertrud en su exilio exterior,
de aquí partió, insumisa y constante,
en su afán por recorrer el horizonte de la historia, viajando
sobre el salto y la paloma
desde la isla del sosiego
al corazón de la nada.
Quinientas treinta y cinco entradas en los diarios. Tres mil lugares,
treinta y seis países, docenas de hoteles y de días sin lluvia.
Desde Brooklyn, Gertrud Herber tejió los rumbos del más allá,

animó la construcción de Sión,
recordó París: *Je me souviens*, en verso de canción.
Brooklyn, hogar y ataúd, pensaría. Brooklyn, tal vez el sosiego,
el espasmo
el rincón en que ahogar el olor a máscara y a piel quemada
del holocausto.
Brooklyn, un tiempo de alcanfor y de memoria
en el laberinto del puente y de la ciudad apócrifa.

Nueva York: cielo y manzana / New York: Sky and Apple / Nova York: ceo e mazá

> *Ya no recuerdo cómo era,*
> *de que sustancia de luna*
> *no volví al reino perdido*
> *y no podré volver nunca.*
> José Hierro
> "Un continente olvidado". *Cuaderno de Nueva York*

COLUMBUS DAY

Existió un lugar primero
de raíces y lluvia,
un lugar anterior a la memoria
confundido en el dédalo del estuario,
inocente por siglos entre vapores de ciénaga.
Lugar de sol y lodo, de carreras de antílopes,
coronado de plumas y de cantos,
de garras y de gritos.
Un lugar primigenio, parte de ese universo
que albergó un millar de naciones y de lenguas,
dispersas entre selvas y valles,
desiertos y esperanzas.
Un lugar abierto al sur por el que entraban
el mar y el viento, anillos de temporal, circos de luz
en el amanecer del día séptimo.
Allí era el gruñir de la niebla,
el respirar del frío, la memoria del lobo.
Allí varaban ballenas que se ahogaban en su propio llanto.
Sobre la arena el mar dejaba cuadernas oceánicas,
fantasmas, amontonados augurios,
espirales sin fin como poción de lo incógnito.
Allí fue el presagio, la muerte heredada,
un despertar ingenuo, confundido por el filo del sable,
la boca del fusil y la sangre que replica en la vigorosa piel del tambor.
Aquí arribaron conquistadores y prófugos,
las velas primeras, las primeras cadenas y la cena de acción de gracias.
Del corazón de los *teepees* crecieron columnas de humo, rascacielos,

puentes sobre el río en los que anida el halcón,
el cuervo, la paloma, el desengaño. En los puertos, los bosques fueron mástiles,
y de las colinas brotó un nombre, Manhattan,
corazón de manzana de la que todos comieron,
corazón de cianuro que abre la puerta del edén,
pepitas en las que asentar la casa.
Existió un lugar primero, laberinto del castor,
negro temblor de inverno en el que articular un sueño,
grieta que avista el crepúsculo, ese perfil de sombra
o de silencio, ese vacío anterior al vacío primero.

Nueva York: cielo y manzana / New York: Sky and Apple / Nova York: ceo e mazá

> *Tenía la noche una hendidura y quietas salamandras de marfil.*
> Federico García Lorca
> "El Rey de Harlem". *Poeta en Nueva York*

NEGRITUD

A Alfonso Daniel Rodríguez Castelao

Su estirpe nunca se confesó esclava,
por eso él tardó tanto en sentirse libre y ahora,
bajo la nieve, camina sonámbulo por la ciudad fría,
la mano en el bolsillo, los ojos en la derrota,
dejando atrás edificios sin corazón, desnudos árboles,
llevando en sí el estigma, bajo el abrigo, vestigio o inflexión,
el sueño de marfil de las salamandras.

> *"No te ofrezco esperanza. Ni siquiera esperanza"*
> Mark Strad
> *"Leopardi". Selección de poemas*

11

Precipitado Ícaro por el acantilado de acero
no observó el vuelo de los estorninos,
ni la constancia de los mirlos, ni la indiferencia de las palomas.
Las gaviotas cuestionaron la mañana,
el río, las olas, la esperanza.
En la cornisa los halcones
acecharon el vuelo desorbitado del metal buscando
un nido en el calor de la explosión, en el polvo,
en la confusión de los gritos.
Ya los posos del café habían advertido el caos
y el cielo era de luz aquel septiembre.
La garza gris voló desde los campos de Hércules
hasta Strawberry Fields, en Central Park,
junto al lago del amor y las palmípedas.
Palmípedas, las ocas, clamaron abatidas.
Alarma aérea. Tiesa la garganta
las ocas advertían sobre las aves metálicas.
Las ocas del Capitolio cuidaban del imperio,
y las palmípedas de Central Park lloraron por Ícaro,
por la cera perdida, por el sueño oxidado,
por el grito que perturba el vacío.
La ciudad calló. Tan solo se escuchó el grito de los pájaros
volando sobre el Hudson, llorando por las alas quemadas de Ícaro
caído bajo un mar de escombros.
En la pantalla la imagen era el humo del silencio,
el anuncio de un futuro incerto:
All hell below us. Metal reason to kill or to die.

Nueva York: cielo y manzana / New York: Sky and Apple / Nova York: ceo e mazá

> *Las Torres*
> *Gemelas solo hirieron un poco la ciudad.*
> Antonio Hernández
> "Libro primero". *Nueva York después de muerto*

WORLD TRADE CENTER

Memoria o desamparo.
Desagüe o infierno.
En el pretil las letras, los nombres,
como huellas de palomas abatidas
por un relámpago.
Las voces se deslizan hacia pozos insondables,
la saliva y las voces, hilos de agua
en la canción del espasmo,
en la perplejidad de Ícaro,
en el perfil de acero.
La sombra del pájaro se proyecta en espuma,
un augurio de mármol
que nubla el recuerdo
y estimula el grito.
Una vela encendida,
mejor una lámpara, una lámpara humilde, lumbre ancestral
prendida a la inocencia del dolor,
en la anunciación del desamparo.

New York: Sky and Apple

Francisco X. Fernández Naval

October 2014 - April 2016

Translated by
Craig Patterson

Francisco X. Fernández Naval

Mask and Labyrinth

> *Be kind to me,*
> *oh, great dark city.*
> *Let me forget.*
> Langston Hugues

A myriad of gazes, incessant footsteps, a crossroads of paths where history recasts its chimera time after time. There, the city. The continuous shift from a multiplicity in eternal repetition to rebuilding itself every day from its own fragments and through the spaces where life is modulated in fluxes, echoes, resonances, adjustments and new meanings. However, I would like to talk here about an unabstract meaning: the improbable struggle of men and women in search of survival in the hybrid morass of different rhythms and interests, in the innocence and madness of the monster which, in a strangely natural way, we continue to feed as it devours us, as if we were unaware of its claws: dominant rationalism, rootlessness, individualism, overcrowding, stress, uncontrolled growth... Indeed, this oversized city is surely the place with a certain deviousness where the noblest and most creative human epic takes place, alongside the most abject of conduct.

But if some city best exemplifies this condition of excess, then it is undoubtedly this one: New York. The destination of thousands of doomed people, soon to be pilgrims tirelessly fording their own grid, where the hungry jaws of their monster are, perhaps, those of a contemporaneous Cronos who leaves us little time to stop and contemplate, and afraid of being left behind. That is why a more leisurely observation is needed in order that this vertigo, and even the hidden drama of the city, suns its entrails in an unveiling to which the fields of art, thought or science contribute on a daily basis. In spite of everything, it will surely be poetry that writes the subtlest and most revealing text of the megapolis. Through its own breaking of the norm, poetry may not only account for the different dislocations of urban life, but also be the wound itself and its condemnation, supplication and song. That is how the devastating and moving poetry of F. X. Fernández Naval acts in this book, entitled *New York: Sky and Apple*. A volume where, whether by clear allusion or through intertextual dialogue, the author chooses the ethical and aesthetic company of beloved voices. They are in their majority foreign artists for whom the experience of this American city represented in some way a shock and turning point in their own writing. They are even understood today as being emblematic in the process of the poeticisation of the great metropolis (Whitman, Mark Strand, Adonis), although names as equally significant for Galician culture, such as Castelao, García Lorca, Luís Seoane or Celso Emilio Ferreiro, are also present.

Beyond this, *New York: Sky and Apple* represents an important stylistic change in the extensive and acclaimed poetics of Fernández Naval. A change that can be seen immediately in the poetry itself, longer and even abrupt at times, embodying the formal impact of an alert and surprising journey through the extensive avenues of Manhattan, landscapes with a frenetic rhythm that penetrates everything and which even writing cannot diminish. Poetic writing which in this book becomes more direct and narrative, even brutal, and which includes terms from the discourse of new technologies and globalisation. For in the final analysis, this is a matter of understanding our contemporary world precisely here, in its capitalist epitome, "at the western vertex of dream and desire" as a poetic voice defines it and which, however, is not fooled by appearances. On the contrary, under the facelift of the Big Apple, always shaving in its own glass mirror, galls, blisters and warts from marginal neighbourhoods are revealed to us: "Syria, Iraq, Western Sahara, Palestine, Afghanistan, five excrescences/ that do not exhaust intervention in history./ Let's add, just in case, Latin America's cancer/ and Africa's gangrene".

As Noam Chomsky has written, a crucial fact concerning the United States is that it was born with an explicit imperialist purpose and therefore out of a racial segregation that would affect the aboriginal Indian, black and Latin population. These are certainly paradoxical intentions if we consider the way in which those first colonies confronted Great Britain in order to construct, at last, the first political and democratic system on the planet. However, in this and other senses, history should be read as Walter Benjamin recommends: "There is no document of culture which is not at the same time a document of barbarism." A barbarism that America's great poet, Walt Whitman, believed to be conjuring up through poetry and faith into a dynamic and fraternal Eros that would elevate not only the individual to a full relationship with others and the cosmos, but also the nation itself as an enabling community for free and happy beings. His prophecies were not, perhaps, fulfilled, but nobody is missing in the dream to which he dedicates the love of a full life. Or, as Gilles Deleuze comments, "the creative fable is the opposite of dominant myths, of words in progress and whoever pronounces them. It is an act capable of creating the myth rather than gaining benefit from or exploiting it". In this manner, the poem remains out of necessity the no-place of utopia and, therefore, the fundamental substratum and the most authentic legacy of a specific culture, as it is the spiritual and material depositary of its wishes, fears and contradictions…

The poetic voice of this book celebrates the bard of Long Island, the "poet of totality" as Czeslaw Milosz defined him, by visiting his house and childhood garden, "making mine what was his and what I still perceive, poet of the body, poet of the soul,/ in each atom", since it is surely written with all the body's cells and senses open. The *flâneur* poet looks, touches, smells and, above all, listens. And what we hear as background during these eleven poems of *New York: Sky and Apple* is the soundtrack of the city, a town in which millions of rats always compete against the most unfortunate citizens for food: "stress does not stop them/ hearing the breath of men, garbage, footsteps, the truck's engine, voices,/ the rattle of recollections". But it also triggers another telluric memory of ancestral rhythms. This takes place in Harlem, the heart of a negritude that continues resolutely to fight for its civil rights, amongst surges of criminality or racism, without ever losing its liberating connection with music: "a trumpet, faces shining with sweat and soul, a Grenache sound in the dark firmament./ On the sidewalk drums beat on the afternoon's skin/ called by a fleeting glow before memory." This distant memory is the same as that primitive place upon which the American nation is founded, but before it was America, for "A first place existed, a beaver's labyrinth,/ the black shaking of winter with which to articulate a dream,/ a crack which glimpses the sunset, this profile of shadow/ or silence, this void before the first void". Indeed, before the gun and the skyscrapers, a primitive silence existed beneath the surface of the earth where rodents excavated their tunnels and seeds pondered over the diversity of their fruits; the same earth which upon its surface harboured thousands of nations and tongues. Today, perhaps only in Brooklyn, could we experience the serene pace of life being nourished accordingly from the multicultural wealth that resides in this populous and historical district: "There is an air of family courtyard here,/ of children running about at school,/ of a garden that yawns beneath the trembling of the cedars and maples". These are undoubtedly the sounds of life, drowned out by the incoherent and meaningless cries of Wall Street or by the roar of the drones. Wall Street, the financial centre where the destinies of countries and millions of people are decided, just numbers for those who are possessed by the addiction to money, success or power, those who copulate with the law of supply and demand, speculating with profits obtained from products untouched by their hands and which their eyes will never see. The orgasm of the vacuum in the vacuum of the vacuum, or the paroxysm of a violence now masked by success and the white shirt which, nevertheless, is written in the blood and echo of the butchery between gangs in the origins of the metropolis portrayed so well by Scorsese in *Gangs of New York*.

This is the blood (also a reality today) not only of the turkeys and ducks which are sacrificed for mass consumption, but also for these wars that geopolitics as well as the diabolical orgy of capitalism demand and design. Victims at home too. Thousands dead from the boomerang which returns, guided by the hand of a sinister terrorism, until smashing its lethal vengeance against the emblematic Twin Towers of the World Trade Centre, the unmistakeable symbol of the empire. An attack that a fateful 11th September inflicted upon the megapolis and the entire world immersed in indescribable perplexity: "The image on the screen was the smoke of silence,/ the announcement of an uncertain future: *All hell below us. Metal reason to kill or to die*". Indeed, a sad rebuttal of Lennon's peace song and perverse beginning to that preventative terror discussed by Jean Baudrillard: "Terror oozing everywhere, the system ending up terrorising itself under the same stamp of security: that is terrorism's victory". Or, in any event, a commotion which demands a different route, perhaps a return to silence, to origins, to begin again, just as is requested in the final verses of the last poem in this book: "Better a candle,/ a humble candle, ancestral fire,/ set to the innocence of pain,/ to the announcement of abandonment". This abandonment is written upon all kinds of existence, for we cannot spot the exit to the labyrinth anywhere.

That is the principal metaphor, together with the mask, which underpins this magnificent collection of poems, in addition to the constellation of original and powerful images such as "the memory of peace trembling on the cross/ that hangs from a nail and falls with the clatter of the inevitable". This establishes with the reader the direct link between one soul and another, this contact between two happy beings when they speak and listen to each other, just as was understood by G. Bachelard who, on the other hand, characterised the labyrinth as the "maximum exponent of the inward wrapped up in itself". In this sense, also in New York, the labyrinth is the image of an inextricable financial system inhabited by the minotaur of economic globalisation: "Wall Street, an outlandish shelter for interests and replicas,/ a labyrinth where Atlas misplaces his steps". For just like the Titans or Theseus lost in the labyrinth of limited sophistication, all we human beings are in search of a meaning which is often couched in language; a language through which, on the one hand, the highest humanist theories are postulated, whilst on the other, those same principles are contradicted by ignominious practises accepted by us as mostly unresolvable. A corrupting of thought and, of course, life. A contemporary life understanding and increasing at a vertiginous velocity, day by day, the complexity of its networks. A reticular labyrinth which, according to Umberto Eco, "reveals our greatest fears, our inner contradictions and our unlimited capacity for error. Ultimately, we ourselves are our own minotaur".

Undoubtedly, in this sense of revelation, of anagnorisis, poetry invites us to take a path that diverges radically from the "logic of confusion", given that its own is never a univocal but plurisignificant vocation in its attempts to discern, precisely because of this privileged vision of all the potential senses: the heraclitic and true face of who we are. To see where reason does not reach or impedes us from reaching. Through this means of deconstruction represented by poetry, guided by its shining and liberating thread, Fernández Naval approaches the shadowy city of New York and does so by following the face offered to him by his own Ariadne: Gertrud Herber, whom we sense in the escape from the Holocaust and then arriving, after an arduous journey, at the shelter of Brooklyn, a specific woman making her way between the multiple labyrinths of the city. She, who records in small notebooks her own history and, in parallel, also of her time: "She was writing in her slim, black-covered notebook,/ words on the empire's mask, fifty stars/ in the synagogue's orbit, in the candelabrum's light". There is the word as witness and hope. The word striking from the heart of a woman who is called Gertrud. We know little more about her, but it is enough to perceive her as a symbol of this humanity that can still generate hope. That is enough for us to feel in contact with the mystery, that dark almond from which the light of the poem irradiates. Gertrud is the "other" or "otherness" to which poetry draws us. The only way to find ourselves. In that place where "the indecipherable light of the labyrinth" resides, as the poetry of J. A. Valente states.

Eva Veiga
Translated by Craig Patterson

> *Dark skies*
> *that hoard clouds,*
> *gather thunder.*
> Adonis
> "Walking through Harlem". *A Grave for New York*

METROPOLIS

The metropolis gleams on the horizon,
an axial coordinate in steel perfection.
Calling out, beating and living at the western vertex of dream and desire.
Breathing in the vapour from the sewers and the river.
The metropolis is the face of power,
both a distant gesture and lure: blazing flags,
glass beacons, an almond, the warning of a wind that never answers us.
A tentacle of hope, the metropolis is the mask of empire,
a refuge of galls beneath the facial lifting.
Craters of the soul. Warts, excrescences
that in the distance boil and fester, seething, like the streets
when morning awakes. The sorrow of the rickets healing rite,
of cloths blessed by the body of the saint,
of leaving diminished and returning healed.
A wart peeks out from the top-left part of the nose;
another on the right cheek, not turned, but defiant;
the third on the left-hand side of a port crack in grey;
the fourth in the centre beneath the neon lips;
the fifth on the chin which tenses and speculates southwards.
She takes the notebook from her bag, opens it at an empty page and writes verses.
She got on at Steinway Street and will get off at Rockefeller Center.
There are five blisters on her face and a poem pinned to the dawn.
Syria, Iraq, Western Sahara, Palestine, Afghanistan, five excrescences
that do not exhaust intervention in history.
Let's add, just in case, Latin America's cancer
and Africa's gangrene.
She has five blisters. They are five screams and fifty stars.

Nueva York: cielo y manzana / New York: Sky and Apple / Nova York: ceo e mazá

A face of power: I have not looked for equals and lovers.
Five warts on her face. The clear glass front,
a poem that taps away like the subway's rhythm in the suburbs of the night,
like La Bestia that perforates the dawn when crossing Michoacán,
the capital of the beheaded, on the way to Chihuahua.
She wears a green jacket for hunting words.
The dry back, the white jacket, a swallow between verses suspended
from Steinway Street to Rockefeller Center, seven stations, five excrescences:
Gaza, Tindouf, Aleppo, Mosul, Guantanamo.
The children sleep in the cradle, rocked by the din
beneath the shadow of the drones. The children sleep unaware
that the bird's shadow will breathe a burst of fire, not dreams.
The dreams gone by which drowned in the rotting lemon,
in the winchukas' eruption, in the synalepha
of explosions, in the fire's evolution.
Children die and their arms hang from a lament
like salt stamens. Trophies of the white hunter,
tearing and flesh captured in the selfies of the soldiers who sail upon an invisible sea.
Five spots on the verse's mask,
fifty stars and a nonogram: four white lines, five red.
She was writing in her slim, black-covered notebook,
words on the empire's mask, fifty stars
in the synagogue's orbit, in the candelabrum's light. *America,*
may God repair your defects
and crown your kindness with the ocean's brotherhood.
America, in the wake of a dark and silent God.
Metropolis. The face of the empire. At the Rockefeller Center or
the Chrysler Building, where Craig found a nameless apple
on the twenty-first floor of a line in the sky. A haughty gaze which spies and watches,
caught on twitter, on a sigh limited in syllables,
the future of the world reduced to one hundred and forty characters.

> *I hear tears that rumble like volcanoes*
> *Adonis*
> "Harlem". *A Grave for New York*

Harlem

Uptown. *Cidade arriba*. Stop 43. Sleepwalking eyes on the 110.
Something changed. The Rosas of New York get on the bus,
with canes, walkers, loaded with black bags of equality,
with the magnitude of lineage and blood.
Faces of an earlier fatigue, calm gazes,
accustomed to reading imponderables in coffee grounds.
And there is always someone who gets up, a mulatto, white or black,
someone who rises up and gives up a place near the door
with the expressionless indifference of the everyday.
Something changed. Beyond the 112th parallel, we are the only whites on the bus
consumed by fatigue and sleep.
We get off at 125, on the boulevard that recalls Luther King and non-violence.
King, assassinated because he had a dream,
because a black life is priceless. Something changed,
but not everything. On the streets the wind sweeps
up the autumn leaves of civil rights.
At the crossroads, white bags of egalitarian trash are piled up.
We walk towards Apollo with his starry sky in the constellation of cotton
voices spanning the hemispheres. The blue heart of negritude,
a trumpet, faces shining with sweat and soul, a grenache sound in the dark firmament.
On the sidewalk drums beat on the afternoon's skin
called by a fleeting glow before memory.
In Central Park, the waning sun hangs on the evening's branches.
A gothic splendour emerges from the whiff of a battle
which was no defeat, but no victory either. Gothic, no.
A Neo-Gothic reflection emerges, contemporary and virile,
on the fenced skirt of the hill.
Battle of Harlem Heights, the colic.

Nueva York: cielo y manzana / New York: Sky and Apple / Nova York: ceo e mazá

An expression of lost innocence,
the flower and the dark angel,
the home of the prayer for all nations,
the seven ethnicities gathered within the apse,
the memory of peace trembling on the cross
that hangs from a nail and falls with the clatter of the inevitable.
Terminal velocity, visual labyrinth, kinetic information.
Something changed, but not everything. Shooting of Brown
Shooting of Brown, shoot, shoot, red news on the skin of any Harlem.

> *Whitman, everyone and I, we are your epitaph*
> *Luis Alberto Ambroggio*
> "Corollary". *We are all Whitman*

WALT WHITMAN

The well in Walt Whitman's house
still has water that flows
from the same source which quenched
his thirst for hope.
The room where Walt Whitman was born
still retains
the echo of his first mourning, his first song,
masked in the blue sky of Prussia
which his father's hand painted for the pattern book of a house that is homeland.
In the garden where Walt Whitman played
grow leaves of grass
that sprout from the feet which beat in ancestral dances
on the old seeds.
The country that the nation's founder dreamt of
long since hid from the hundred gazes,
from the brows that question, from the splendour of incense.
The shadow hid in the glass distance,
in the transaction of souls, a fleeting gnawing that kills,
a chrysalis of pain and victories that does not restore peace,
or heal blood.

I would like to celebrate myself here,
making mine what was his and what I still perceive, poet of the body, poet of the soul,
in each atom. Also the mistakes
in the contradiction, in the eyelid of old age and abandonment,
in irreverent passion, in the dark,
in his tiger teeth, his loving lips.

Nueva York: cielo y manzana / New York: Sky and Apple / Nova York: ceo e mazá

> *Now I recover, now I unearth,*
> *half a century on,*
> *the faded and resurrected signs...*
> José Hierro
> "Singing in Yiddish". *New York Notebook*

Jewish Museum

They constructed the bunker
in Battery Park, before the statue-goddess or statue of a haughty goddess,
before the island of the forty days and ending of dreams.
They constructed a bunker to shelter memory,
real, but withered, not by history in itself, or by pain, or by iniquity,
but because it says nothing of the criminal record of the illicit occupation, of the siege,
of crimes of state, of the excess of tank shells,
of the boot prints in the dust moved by the wind
for centuries. It says nothing of the tanks, nothing of the water or the lack of it.
They built a bunker to welcome the faces
from other shadows, the bureaucracy of exodus, the smoke of extermination,
but not the exile of the refugees, the defeated flower of the grenade,
the ocean of voices which ripple in the mosques likes waves
of an erratic pilgrimage, the gaze that seeks the future
in the desert's open firmament.
Here there is no space for the military settler who occupies hope's heart,
or for the cloning of infamy's wall. The chosen
constructed the bunker in Battery Army, facing Ellis Island,
at a time of locusts that accompanies the vision of fire,
the young who roam avenues with the wheat ear and lemon, offering a waxen
smile and an old song, a withered tree which twists
in the air of mirrors. No, here heterodoxy has no place,
just the stone of law and the occupation of history.

> *At twilight*
> *when the Stock Market bars its doors,*
> *a hundred children transformed in torches*
> *kindled the rice fields with light*
> Celso Emilio Ferreiro
> "Stock exchange chronicle". *Antipoems*

WALL STREET

The Japanese woman unusual with her tourist exaltation
offers herself perched on the left prong of the bull that threatens but never moves.
The portrait will hang on Facebook and shine on the web.
Wall Street, an outlandish shelter for interests and replicas,
a labyrinth where Atlas misplaces his steps.
The sun's cobweb.
Strands of prices, seams for binding the globe together,
the confusion of a dying Theseus drinking potions from cardboard cups,
the broker who devours sandwiches on impulse
and dies under the table in an orgasm of capitalisation,
dressed in a white shirt and black tie.
In the street, the minotaur weighs heavy but does not move.
It resists the daily onslaught
of the cameras, of the voices and pale loins of the rising sun.
Its own prisoner, arrogant, aloof
and impotent, the monster hears the value of the Nasdaq, the close of the Dow Jones,
the price of a barrel of crude coming from the limits of the empire.
The clamour of voices drowns the blue gust of your breath, delirium and cry.
Noon. Saffron chicken and rice in polyurethane container, in the shadow of a tree
where the Mayflower's children negotiated. The brokers' habit.
Lower Manhattan.
Cut off from the East River by the concrete border and the traffic flow.
The heroes dream of conquering the camera, of possessing Ariadne
in the strabismic current of speculation and cold, on the index table

Nueva York: cielo y manzana / New York: Sky and Apple / Nova York: ceo e mazá

beneath the golden bell, manipulating the wireless and rubberless
rigours, swaying voraciously with convulsions and cries,
beating with spit against the nipples of a sun that does not set,
have a Coke, have a Coke, the hero masturbates between the the lips of the
takeover bids perched on the monster's horns, on the world's buttocks.

> *Beneath the multiplications*
> *There is a drop of duck's blood.*
> *Beneath the divisions*
> *There is a drop of sailor's blood.*
> Federico García Lorca
> "NEW YORK, Office and Denunciation", *Poet in New York*

Strangers in the Night

For Terry Berkowitz

Each day New York sacrifices thousands of doves to the goddess,
millions of cows and pigs, chickens and dreams.
Each dawn thousands of ducks and plucked turkeys spin on the carousel of
the streets, the shopping centre, the Chinese restaurant, the cheap menu. Each
morning, the fish
becomes a trinket.
The boneless chicken within the boneless duck, within the turkey. *Turducken*:
there is a metaphor for the empire. Things, when seeking order, reveal the
vacuum,
and each night, millions of rats keep watch over the bodies of the beggars,
of the homeless. Millions of rats penetrate eye sockets startled by shadow,
scare away cats, wandering amongst the black and white trash bags
which hold the remains of millions of cows, pigs, turkeys,
chicken, fish, ducks and pigeons that each day are offered up as an unblemished
feast.
On the edge of stress, the rats select the organic remains
and the memory of the defeated.
They choose the avocado,
the American *persea* which comes from the south, perched on the beast's
cheekbones.
The fruit or invincible wave of dark skin and words.
The rats perforate the plastic and penetrate the muck. Stress does not stop them
hearing the breath of men, garbage, footsteps, the truck's engine, voices,
the rattle of recollections. The footsteps and words possess the avocado's dark skin

and dream in English, trusting in the kindness of empire that will redeem them
from the night,
from the rat's misfortune, from longing,
from the morning sacrifice of trinket and flesh.
Yes I can, they repeat. I can, I want, I like. I want, I can, I like.
Desert psalmody.
Exiles roam the streets co-existing with stress,
with the gnawing of the shadows.

> *Someone said: 'Oh, how many hardy, suffering emigrants*
> *They remain forever beneath the currents of this yellow river,*
> *Beside the great Brooklyn Bridge, the pride of the United States!'*
> *This steel bridge raised above New York*
> *Ten miles of screws, bolts and steel.*
>
> Luis Seoane
> "Brooklyn Bridge", *The Exile's Bag*

Brooklyn

There is an air of family courtyard here,
of children running about at school,
of a garden that yawns beneath the trembling of the cedars and maples,
a relaunch of steps beyond measure,
a fairground of objects used on Sunday mornings,
a hawk's tiara, a blackbird's spiral.
A place to die. A time for bells,
sun in the cemetery, ghostly waves on the sand at Coney Island.
Behind the windows,
the sojourns breathe in the afternoon's circle,
in the oblivion of nautical slaves
who strengthened the bridge upon the mud of centuries.
The shadows dance on the carpet
and twist in the eclipse of a tin carousel.
Memories repose beneath the sky of stars
which ripple on the lapel, the chant, the gaze.
A tenor sax and a poem's rhythm.
Here Gertrud landed in her exterior exile,
from here she left, defiant and constant,
in the hope of crossing history's horizon, traveling over the leap and the dove
from the sheltering island
to the heart of nothing.
Five hundred and thirty-five entries in the diaries. Three thousand places,
Thirty-six countries, dozens of hotels and days without rain.
From Brooklyn, Gertrud Herber wove the defeats from beyond,
encouraged the construction of Zion,

recalled Paris: *Je me souviens*, in the words of a song.
Brooklyn, home and coffin, she would think. Brooklyn, perhaps serenity, spasm
the place to drown out the smell of the mask and burnt skin
of the Holocaust.
Brooklyn, a time of camphor and memory
in the labyrinth of the bridge and the apocryphal city.

> *I no longer remember what I was like,*
> *from what lunar substance*
> *I did not and will never be able*
> *to return to the lost kingdom.*
> José Hierro
> "A forgotten continent", *New York Notebook*

COLUMBUS DAY

A first place existed
of roots and rain,
a place before memory
confused in the maze of the estuary,
innocent for centuries amongst the prairie mist.
A place of sun and mud, of antelope tracks,
crowned with feathers and songs,
with blows and cries.
A primordial place, part of this universe
which harboured a thousand nations and tongues,
dispersed amongst meadows and jungles,
deserts and hopes.
A place open to the south from where
the sea and the wind, rings of gale and circles of light
came with the dawn of the seventh day.
There it was the snoring of the mist,
the breathing of the cold, the memory of the wolf.
There whales which drowned in their own tears were beached.
Upon the sand the sea left oceanic ribs,
ghosts, discarded omens,
endless spirals like drops of the unknown.
That was the portent, the death inherited,
an ingenious awakening, confused by the sabre's edge,
the mouth of the gun and the blood which responds on the vigorous drum hide.
Here conquerors and refugees landed.
The first candles, the first chains and the Thanksgiving Dinner.
From the heart of the teepees rose columns of smoke, skyscrapers,

bridges over the river where the falcon,
raven, dove and disillusion nest. The woods were masts for the dock
and from the hills arose a name, Manhattan,
an apple core from which everyone ate,
a cyanide heart which opens Eden's door,
Pips on which to build the house.
A first place existed, a beaver's labyrinth,
the black shaking of winter with which to articulate a dream,
a crack which glimpses the sunset, this profile of shadow
or silence, this void before the first void.

> *The night had a cleft and calm ivory, salamanders.*
> Federico García Lorca
> "The King of Harlem", *Poet in New York*

Negritude

For Alfonso Daniel Rodríguez Castelao

His line never confessed to being a slave,
which is why he took so long to feel free and now,
beneath the snowflakes, sleepwalks through the cold city,
hands in pockets, eyes in defeat,
leaving behind heartless buildings, bare trees,
carrying the stigma inside, underneath his coat, a vestige or inflection,
the salamanders' ivory dream.

Nueva York: cielo y manzana / New York: Sky and Apple / Nova York: ceo e mazá

> *I do not give you any hope, Not even hope*
> Mark Strand
> "Leopardi". *Selected poems*

11

Icarus swooping down the steel cliff
did not observe the starlings' flight,
or the blackbirds' constancy, or the doves' indifference.
The seagulls questioned the morning,
The river, the waves, hope.
In the cornice, the falcons
watched the exorbitant flight of metal in search of
a nest in the heat of the explosion, in the dust,
in the confusion of the cries.
The coffee dregs had already warned of chaos
and the sky was clear that September.
The grey heron flew from the fields of Hercules
to Strawberry Fields, in Central Park,
beside the lake of love and the palmipeds.
Palmipeds, the geese cried dejectedly.
Air-raid warning. Their throats tense,
the geese warned of the metallic birds.
The geese at the Capitol watched over the empire,
and the palmipeds of Central Park wept for Icarus,
for the melted wax, for the rusty dream,
for the cry that disturbs the void.
The city fell silent. All that was heard was the cry of the birds
flying over the Hudson, weeping for the burns of Icarus
fallen beneath a sea of rubble.
The image on the screen was the smoke of silence,
the announcement of an uncertain future:
All hell below us. Metal reason to kill or to die.

> *The Twin*
> *Towers only wounded the city slightly.*
> Antonio Hernández
> "Book one", *New York When You're Dead*

World Trade Center

Memory or helplessness.
Sewer or hell.
On the ledge the letters, the names,
like footprints of doves brought down
by lightning.
Voices slip towards fathomless pools,
voices and spittle, strands of water
in the spasm's song,
in Icarus' perplexity,
in the steel profile.
The bird's shadow projected on the scum,
a marble augury
that clouds the memory
and encourages the cry.
Burning candle.
Better a candle,
a humble candle, ancestral fire,
set to the innocence of pain,
to the announcement of abandonment.

Nova York: ceo e mazá

Francisco X. Fernández Naval

Outubro 2014 - Abril 2016

Máscara e labirinto

> *Be Kind to me,*
> *oh, great dark city.*
> *Let me forget.*
>
> Langston Hugues

Miríade de olladas, pasos incesantes, encrucillada de vieiros por onde a historia refai unha e outra vez a súa quimera. Velaquí a cidade. Continua mudanza dunha multiplicidade en eterna repetición a recompoñerse decote dende os seus fragmentos e a través dos espazos nos que a vida se modula en fluxos, ecos, resonancias, axustes e novos significados. Porén queremos dicir aquí unha significación non abstracta: falamos da loita ímproba de homes e mulleres na procura da súa supervivencia na híbrida maraña de intereses e ritmos diversos, no candor e na demencia do monstro que, de modo estrañamente natural, imos alimentando mentres nos devora se non somos conscientes das súas gadoupas –racionalismo dominante, desarraigo, individualismo, masificación, estrés, crecemento indiferenciado–. En efecto, esa urbe sobredimensionada é seguramente o lugar, de certo intrincado, no que acontece a máis nobre e creativa epopea humana, xunto ás conductas máis abxectas.

Pero se algunha cidade exemplifica por antonomasia esa condición do exceso esta é, sen dúbida, Nova Iorque. Destino de milleiros de persoas abocadas a seren axiña peregrinas vadeando a súa retícula sen descanso, as fauces famentas do seu monstro son, quizais, as dun Cronos contemporáneo que a penas deixa tempo para deterse e contemplar, a risco de ficarmos no afora. Por iso precísase unha máis vagarosa observación para que esa vertixe, e mesmo a trama oculta da cidade, asolle as súas entrañas nun desvelamento ao que decote contribúen os eidos da arte, do pensamento ou da ciencia. Con todo será, de certo, a poesía a que escriba o texto máis sutil e revelador da megápole, a que a través do seu propio quebrar a norma poida, non só dar conta das diferentes dislocacións da vida urbana, senón ser a ferida mesma e a súa denuncia, pregaria e canto. Así actúa a poesía contundente e conmovida de F. X. Fernández Naval neste libro titulado *Nova York: ceo e mazá*. Un volume onde, ben en alusión manifesta, ben en diálogo intertextual, o autor escolle a compaña ética e estética de voces amadas. Na súa maioría son creadores estranxeiros para os que a experiencia desta cidade americana representou dalgún xeito un choque e un punto de inflexión na súa propia escrita, até entendérense a día de hoxe como emblemáticos no proceso de poetización da gran metrópole (Whitman, Mark Strand, Adonis). Pero tamén teñen presenza nomes igualmente significativos para a cultura galega como Castelao, García Lorca, Luís Seoane ou Celso Emilio Ferreiro.

Para alén disto, *Nova York: ceo e mazá* supón un cambio estilístico importante na extensa e recoñecida obra poética de Fernández Naval. Cambio que se evidencia xa a primeira vista no propio verso, máis longo e aínda por veces abrupto, que constitúe a pegada formal dun percorrido alerta e sorprendente polas extensas avenidas de Manhattan, pasaxes dun ritmo frenético que o penetra todo e ao que nin sequera a escrita se pode subtraer. Escrita poética que se volve neste libro máis directa e narrativa, mesmo descarnada, e que inclúe termos relativos á linguaxe propia das novas tecnoloxías ou da globalización. Porque, ao cabo, do que se trata é de achegarse a comprender o noso mundo contemporáneo xustamente aquí, na súa epítome capitalista, "no vértice occidental do soño e do desexo" segundo a define un suxeito poético que, en todo caso, non se deixa enganar polas aparencias. Pola contra, baixo o *lifting* facial da Gran Mazá –sempre a enfeitarse no seu propio espello de cristal–, descóbrensenos os cadornos, as bochas e verrugas dos barrios marxinais e dos seres esquecidos nesa gran metrópole; máscara do imperio que aínda agocha no seu ventre outro catálogo incriminatorio de cancros e supuracións: "Siria, Irak, Sahara occidental, Palestina, Afganistán, cinco excrecencias/ que non esgotan a intervención na historia./ Sumemos, se acaso, o cancro de América Latina/ e a gangrena de África".

Efectivamente, como escribiu Noam Chomsky, un feito crucial a respecto dos Estados Unidos é que estes naceron cun explícito propósito imperialista e asemade de segregación racial que atinxiría á poboación india aborixe, negra e latina. Intencións estas certamente paradoxais se consideramos o modo no que aquelas primeiras colonias se enfrontaron a Gran Bretaña para erixiren, finalmente, o primeiro sistema político e democrático do planeta. Mais, neste e noutros sentidos, convén ler a historia como nos recomenda Walter Benjamin: "Non hai documento de cultura que non sexa á vez un documento de barbarie." Unha barbarie que o gran poeta de América, Walt Whitman, cría conxurar coa poesía e coa fe nun eros vitalista e fraternal que elevaría non só ao individuo a unha plena relación cos outros e co cosmos, senón tamén á propia nación como comunidade facilitadora de seres libres e felices. Non se cumpriron, quizais, as súas profecías, pero ninguén falla no soño ao que se lle dedica o amor dunha vida enteira. Ou, como indica Gilles Deleuze, "a fabulación creadora é o reverso dos mitos dominantes, das palabras en curso e de quen as pronuncia, é un acto capaz de crear o mito en troques de tirarlle beneficio ou explotalo". Deste xeito, o poema segue a ser necesariamente o non-lugar da utopía e, asemade, o substrato fundamental e o legado máis auténtico dunha cultura determinada pois é depositario espiritual e material das súas arelas, dos seus medos, das súas contradicións...

O eu poético deste libro celebra ao bardo de Long Island, o "poeta da totalidade" como o definiu Czeslaw Milosz, visitando a súa casa e o xardín da infancia, "facendo meu o que foi seu e aínda percibo, poeta do corpo, poeta da alma,/ en cada átomo" pois, certamente, escríbese con todas as células do corpo e con todos os sentidos abertos. O poeta *flâneur* mira, toca, ule e, sobre todo, escoita. E o que oímos como pano de fondo ao longo destes *Nova York: ceo e mazá* é a banda sonora da cidade; unha urbe na que millóns de ratas, sempre a competiren pola comida cos máis desfavorecidos, axexan: "o estrés non lles impide/ escoitar o alento dos homes lixo, os pasos, o motor do camión, as voces,/ o ruxe ruxe das lembranzas". Mais abrolla tamén un outro lembrar telúrico de ritmos ancestrais. Será en Harlem, corazón dunha negritude que segue sen perder xamais o seu vínculo liberador coa música, mentres loita polos seus dereitos civís entre vagas criminais de racismo: "trompeta, rostros brillantes de suor e soul, son de garnacha no firmamento escuro./ Na beirarrúa os tambores baten na pelica da tarde/ coa chamada dun lampo anterior á memoria". Esta memoria lonxincua é tamén a dese lugar primixenio sobre o que se asenta a nación americana, mais antes de ser América, porque "Existiu un lugar primeiro, labirinto de castor,/ negro tremer de inverno no que artellar un soño,/ greta que albisca o solpor, ese perfil de sombra/ ou de silencio, ese baleiro anterior ao baleiro primeiro". Efectivamente, antes do fusil e dos rañaceos, existiu un silencio primitivo baixo a tona da terra onde os roedores escavaban os seus túneles e as sementes meditaban a diversidade dos seus froitos; a mesma terra que na súa superficie abeiraba milleiros de nacións e de falas. Quizais hoxe en día só en Brooklyn poderiamos sentir ese andar sereno da vida nutríndose asemade da riqueza multicultural que habita este populoso e histórico distrito: "Hai aquí un aire de patio familiar,/ de carreira de nenos no colexio,/ de xardín que bocexa baixo o tremer dos cedros e pradairos". Sen dúbida estes son os sons da vida que, non obstante, afogan baixo os berros inconexos, sen sentido, de Wall Street ou baixo o estrondo dos drons. Wall street, centro financieiro onde se deciden os destinos de países e de millóns de persoas que só son números para quen, posuído pola adición aos cartos, ao éxito ou ao poder, copula coa lei da oferta e a demanda especulando (as) ganancias obtidas de produtos que nunca tocaron as súas mans nin verán os seus ollos. Orgasmo do baleiro no baleiro ou paroxismo dunha violencia agora enmascarada polo éxito e a camisa branca que, sen embargo, leva inscrito no sangue o resoar daquela carnicería entre bandas nas orixes da metrópole tan ben retratada por Scorsese en Gangs of New York.

Ese é o sangue -tamén hoxe en día real- non só dos pavos e parrulos que acotío se sacrifican para o gran consumo senón das vítimas desas guerras que tanto a xeopolítica como a orxía diabólica do capitalismo demandan e deseñan. Vítimas tamén na casa. Miles de mortos polo búmerang que volta guiado pola man dun sinistro terrorismo até estrelar a súa letal vinganza contra as emblemáticas Torres Xémeas do World Trade Center, símbolo inequívoco do imperio. Un atentado que o fatídico 11 de setembro deixou á megápole e ao mundo enteiro inmersos nunha perplexidade indescritible: "Na pantalla a imaxe era o fume do silencio,/ o anuncio dun futuro incerto: All hell below us. Metal reason to kill or to die". En efecto, triste impugnación ao himno pacifista de Lennon e perversa entrada nese terror preventivo do que fala Jean Baudrillard: "O terror destilado por todas as partes, o sistema rematando por aterrorizarse a si mesmo baixo o signo da seguridade: esa é a vitoria do terrorismo". Ou, en todo caso, conmoción que pide un camiño distinto, quizais unha volta ao silencio, ás orixes, para empezar de novo, tal e como se solicita nos últimos versos do derradeiro poema deste libro: "Mellor unha candea,/ unha humilde candea, lume ancestral/ prendido na inocencia da dor,/ na anunciación do desamparo". Desamparo este inscrito en todas as ordes da existencia pois non albiscamos por ningures a saída do labirinto.

E velaquí a principal metáfora –xunto á da máscara- que artella este magnífico poemario, por outra parte, todo el constelado de imaxes orixinais e poderosas -como "a memoria da paz abaneando na cruz/ que pendura dun cravo e cae co estrondo do inefable"- que establecen co lector ou lectora ese vínculo directo entre unha e outra alma, ese contacto de dous seres felices de falaren e escoitaren(se), tal e como o entendía G. Bachelard quen, por outro lado, caracterizaba o labirinto como "máximo expoñente do Adentro ensimesmado en si mesmo". Neste sentido, tamén en Nova Iorque o labirinto é imaxe dun inextricable sistema financeiro no que habita o minotauro da globalización económica: "Wall Street, abeiro estrafalario de intereses e réplicas,/ labirinto onde Atlas extravía os pasos". Porque, certamente como Titáns ou Teseos perdidos no dédalo da sofisticación ilimitada, todos os seres humanos imos na procura dun sentido que, a miúdo, se agocha na propia linguaxe cando a través dela se postulan, por unha banda, as máis elevadas teorías humanistas, mentres, pola outra, se contradín eses mesmos principios con prácticas ignominiosas aceptadas por nós, en grande medida, como irremediables. Corrupción do pensamento e, xa que logo, da vida. Unha vida contemporánea estendendo e aumentando a unha velocidade vertixinosa, día a día, a complexidade das súas redes. Un labirinto reticular que, segundo Umberto Eco, "revela os nosos grandes medos, as nosas contradicións internas e a nosa ilimitada capacidade de erro. A fin de contas, nós somos o noso propio minotauro".

E, sen dúbida, neste senso de revelación, de anagnórise, a poesía convídanos a tomar un camiño que se afasta radicalmente desa "lóxica da confusión" dado que a súa é sempre unha vocación non unívoca senón plurisignificativa ao tratar de discernir, grazas a esa visión privilexiada de todos os sentidos posibles, o rostro heracliteano e real do que somos. Ver ata onde a razón non chega ou nos impide arribar. E por este medio de *deconstrucción* que é a poesía, da man do seu fío luminoso e liberador, achégase Fernández Naval á asombrosa cidade de Nova Iorque e faino asemade seguindo o rastro que lle ofrece a súa particular Ariadna: Gertrud Herber a quen intuímos na fuga do holocausto para chegar, logo dunha ardua travesía, ao acougo de Brooklyn; muller concreta abríndose paso por entre os múltiples dédalos da urbe; a que grafa en pequenos cadernos a súa propia historia e, parellamente, tamén a do seu tempo: "Ela escribía no seu notebook delgado e de cubertas negras,/ palabras na máscara do imperio, cincuenta estrelas/ na órbita da sinagoga, na luz do candelabro". Eis a palabra como testemuña e esperanza. A palabra percutindo dende o corazón dunha muller que se chama Gertrud. Pouco máis sabemos dela, pero é suficiente para percibila como símbolo desa humanidade capaz aínda de xerar a esperanza. Suficiente para sentírmonos en contacto co misterio, esa améndoa escura dende a que se irradia a luz do poema. Gertrud é a "outra", o "outro", a "outredade" á que a poesía nos achega. Único modo de atoparnos a nós mesmos. Alí onde aniña "la indescifrable luz del laberinto" como di o verso de J. A. Valente.

Eva Veiga

> *Escuros ceos*
> *que acumulan nubes.*
> *Almacenan tronos.*
>
> Adonis
> "Paseo por Harlem". *Epitafio para Nova York*

METRÓPOLE

A metrópole brilla no horizonte,
coordenada axial na perfección do aceiro.
Chama, latexa, vive no vértice occidental do soño e do desexo.
Respira no vapor dos sumidoiros e do río.
A metrópole é o rostro do poder,
aceno distante e reclamo a un tempo: bandeiras flamexantes,
almenaras de cristal, améndoa, alerta dun vento que nunca nos responde.
Tentáculo de esperanza, a metrópole é a máscara do imperio,
agocho de cadornos baixo o lifting facial.
Cráteres da alma. Verrugas, excrecencias
que na distancia ferven e supuran, bulen, como as rúas
cando a mañá esperta. Mágoa de tangaraño,
de panos bendicidos polo corpo do santo,
de iren cativos e regresar sandados.
Un cadorno asoma na parte superior esquerda do nariz;
outro na meixela dereita, que non se ofrece, desafía;
o terceiro polo lado zurdo dunha fenda portuaria e gris;
o cuarto polo centro baixo os labios de neon;
o quinto no queixo que se endurece e especula cara o sur.
Ela saca o caderno do bolso, ábreo nunha páxina en branco e escribe versos.
Subiu en Steinway Street e baixará en Rockefeller Center.
Ten cinco bochas no rostro e un poema prendido da alborada.
Siria, Irak, Sahara occidental, Palestina, Afganistán, cinco excrecencias
que non esgotan a intervención na historia.
Sumemos, se acaso, o cancro de América Latina
e a gangrena de África.
Ela ten cinco bochas. Son cinco berros e cincuenta estrelas.
Faciana do poder: I have not looked for equals and lovers.

Cinco verrugas no rostro. A despexada fronte de cristal,
un poema que percute como o ritmo do metro nos suburbios da noite,
como a besta que perfora a madrugada cando cruza Michoacán,
capital dos decapitados, camiño de Chihuahua.
Viste cazadora verde de cazar palabras.
As costas secas, cazadora branca, andoriña entre versos suspendidos
de Steinway Street a Rockefeller Center, sete estacións, cinco excrecencias:
Gaza, Tinduf, Alepo, Mosul, Guantánamo.
Os nenos dormen no berce anainados polo estrondo
baixo a sombra dos drons. Os nenos dormen sen saber
que a sombra do paxaro rebentará en alento de lume, non en soños.
Os soños hai tempo que afogaron na podremia do limón,
na erupción das vinchocas, na sinalefa
das explosións, na evolución do lume.
Os nenos morren e os seus brazos penduran dun laio
como estames de sal. Trofeos da cazadora branca,
desgarro e carne recollidos nos selfys dos soldados que navegan por un mar invisible.
Cinco grans na máscara do verso,
cincuenta estrelas e un nonagrama: catro liñas brancas, cinco vermellas.
Ela escribía no seu notebook delgado e de cubertas negras,
palabras na máscara do imperio, cincuenta estrelas
na órbita da sinagoga, na luz do candelabro. *América,*
que Deus repare os teus defectos
e coroe a túa bondade coa irmandade do océano.
América, no ronsel dun Deus escuro e sen palabras.
Metrópole. O rostro do imperio. En Rockefeller Center ou
no Chrysler Building, onde Craig atopou unha mazá sen nome
no andar vinte e un dunha liña de ceo. Ollada altiva que esculca e que vixía,
prendida ao twitter, a un suspiro limitado en sílabas,
o futuro do mundo reducido a cento corenta carácteres.

> *Escoito bágoas que retumban como volcáns*
> Adonis
> "Harlem". *Epitafio para Nova York*

Harlem

Cidade arriba. Updown. Parada 43. Ollos sonámbulos no 110.
Algo mudou. Soben ao bus as Rosas de Nova York,
con caxatos, andadores, cargadas coas bolsas negras da igualdade,
coa magnitude da estirpe e do sangue.
Rostros dunha fatiga anterior, olladas de sosego,
afeitas a ler imponderables nos pousos do café.
E sempre hai alguén que se levanta, mulato, branco ou negro,
alguén que se ergue e cede un lugar próximo á porta
coa inexpresiva indiferenza do cotián.
Algo mudou. Máis alá do paralelo 112 somos os únicos brancos no autobús
ateigado de cansazo e soño.
Baixamos na 125, no bulevar que lembra a Luter King e a non violencia.
King, asasinado porque tiña un soño,
porque a vida dun negro non ten prezo. Algo mudou,
pero non todo. Nas rúas o vento varre as follas outonizas dos dereitos civís.
Nas encrucilladas amoréanse as bolsas brancas de lixo igualitario.
Camiñamos cara o Apolo co seu ceo de estrelas na constelación de voces
de algodón que abrangue os hemisferios. Corazón azul de negritude,
trompeta, rostros brillantes de suor e soul,
son de garnacha no firmamento escuro.
Na beirarrúa os tambores baten na pelica da tarde
coa chamada dun lampo anterior á memoria.
En Central Park o sol esmorece prendido nas pólas do serán.
Un esplendor gótico emerxe por entre o bafo da batalla
que non sendo derrota, tampouco foi vitoria. Gótico, non.
Un reflectir neogótico emerxe, contemporáneo e viril,
na ladeira coutada do outeiro.
Battle of Harlem Heights, o cólico.
Expresión de inocencia perdida,
a flor e o anxo escuro,

Nueva York: cielo y manzana / New York: Sky and Apple / Nova York: ceo e mazá

o fogar da oración de todas as nacións,
as sete etnias convocadas no interior da ábsida,
a memoria da paz abaneando na cruz
que pendura dun cravo e cae co estrondo do inefable.
Velocidade terminal, labirinto visual, información cinética.
Algo mudou, pero non todo. Shooting of Brown
Shooting of Brown, shoot, shoot, red news sobre a pel de calquera Harlem.

> *Withman, todos e eu, nós, somos o teu epitafio*
> Luis Alberto Ambroggio
> "Corolario". *Todos somos Whitman*

WALT WHITMAN

O pozo da casa de Walt Whitman
aínda ten auga que mana
do mesmo manancial que aliviou
a súa sede de esperanza.
O cuarto onde naceu Walt Whitman
aínda conserva
o eco do seu primeiro pranto, do seu primeiro canto,
enmascarado no ceo azul de prusia
que a man do pai pintou para mostrario dunha casa que é patria.
No xardín onde xogou Walt Whitman
medran follas de herba
que abrollan dos pés que bateron coas danzas ancestrais
nas sementes vellas.
O país que soñou o fundador da nación
agochouse hai tempo das cen olladas,
das frontes que interrogan, do esplendor do incenso.
Agochouse a sombra na distancia do cristal,
na transacción das almas, esquivo rillar que mata,
crisálida de dor e de vitorias que non restaura a paz,
nin cicatriza o sangue.

Quixera eu celebrarme aquí,
facendo meu o que foi seu e aínda percibo, poeta do corpo, poeta da alma,
en cada átomo. Tamén nos erros
na contradición, na pálpebra da vellez e o desamparo,
na irreverente paixón, no escuro,
nos seus dentes de tigre, nos seus labios de amor.

Nueva York: cielo y manzana / New York: Sky and Apple / Nova York: ceo e mazá

> *Rescato agora, desenterro agora,*
> *pasado medio século,*
> *os signos esvaídos e resucitados...*
> José Hierro
> "Cantando en Yiddish". *Caderno de Nova York*

Museo Xudeu

Construíron o búnker
en Batery Park, diante da deusa estatua ou estatua dunha deusa altiva,
diante da illa dos corenta días e do final dos soños.
Construíron un búnker para albergar memoria,
real, pero murchada, non pola historia en si, nin pola dor, nin pola iniquidade,
senón porque nada di da constancia criminal da ocupación ilícita, do asedio,
dos crimes de estado, do exceso de obuses,
das pegadas das botas no po que o vento move
dende hai séculos. Nada di dos tanques, nada da auga nin da súa carencia.
Construíron un búnker para acoller os rostros
doutras sombras, a burocracia do éxodo, o fume do exterminio,
pero non o exilio dos refuxiados, a flor vencida da granada,
o océano de voces que nas mesquitas abanean coma ondas
dun peregrinar errático, o ollar que procura o futuro
no firmamento aberto do deserto.
Aquí non hai espazo para o colono militar que ocupa o corazón da esperanza,
nin para a clonación da parede da infamia. Os elixidos
construíron o búnker en Batery Army, diante de Ellis Island,
nun tempo de lagostas que acompaña a visión do lume,
de mozos que percorren avenidas coa espiga e o limón, ofrecendo un sorriso
de cera e unha canción antiga, caracocha que se retorce
no aire dos espellos. Non, aquí non cabe a heterodoxia,
so a pedra da lei e a ocupación da historia.

Na hora do solpor
cando a Bolsa atranca as súas portas,
cen nenos convertidos en facheiros
incendiaban de lus os arrozás.
Celso Emilio Ferreiro
"Crónica bursátil". *Antipoemas*

WALL STREET

A xaponesa insólita na súa exaltación turística
ofrécese empolicada no pitón esquerdo do touro que amaga, pero que non se move.
Pendurará o retrato en facebook e brillará na rede.
Wall Street, abeiro estrafalario de intereses e réplicas,
labirinto onde Atlas extravía os pasos.
Arañeira do sol.
Fíos de cotización, costuras coas que cinguir a orbe,
confusión dun Teseo agónico que bebe apócemas en vasos de cartón,
broker que devora sándwichs a impulsos
e morre baixo a mesa no orgasmo da capitalización,
vestido de camisa branca e garabata negra.
Na rúa, o minotauro pesa, pero non se move. Resiste o embate diario
das cámaras, das voces e das inguas pálidas do nacente sol.
Preso de si, fachendoso, distante
e impotente, o monstro escoita o valor do Nasdaq, o peche do Dow Jones,
o prezo do barril de cru procedente dos límites do imperio.
O balbordo de voces afoga o bafo azul do seu alento, o delirio e o berro.
Mediodía. Arroz con polo e azafrán en tapewer de poliuretano, á sombra da árbore
onde negociaron os fillos do Mayflower. O hábito dos brokers.
Baixa Manhattan,
illada do East River pola fronteira de formigón e a corrente do tráfico.
Os heroes soñan coa conquista da cámara, con posuír a Ariadna
na corrente estrábica da especulación e o frío, sobre a mesa do índice,
baixo a campá dourada, manipulando o embate sen arames

Nueva York: cielo y manzana / New York: Sky and Apple / Nova York: ceo e mazá

nin goma, abaneando voraces coa convulsión e o berro,
batendo co cuspe contra as mamilas dun sol que non se pon,
have a koke, have a koke, o heroe mastúrbase entre os labios das opas
empoleiradas nas cornas do monstro, nas nádegas do mundo.

> *Baixo as multiplicacións*
> *hai unha pinga de sangue de parrulo.*
> *Baixo as divisións*
> *hai unha pinga de sangue de mariñeiro.*
> Federico García Lorca
> "NEW YORK, Oficina e Denuncia". *Poeta en Nova York*

Strangers in the Nigth

A Terry Berkowitz

Cada día Nova York sacrifica á deusa milleiros de pombas,
millóns de vacas e de porcos, de polos e de soños.
Cada amencer milleiros de parrulos e de pavos sen pluma
xiran no carrusel das rúas,
do shoping, do restaurante chinés, do menú económico. Cada mañá, o peixe
vólvese abelorio.
O polo sen oso dentro do parrulo sen oso, dentro do pavo. *Turducken*:
velaí a metáfora do imperio.
As cousas, cando procuran a orde, desvelan o baleiro,
e cada noite, millóns de ratas roldan os corpos dos mendigos,
dos desafiuzados. Millóns de ratas penetran nas cuncas desorbitadas
pola sombra,
espantan gatos, corricando por entre as bolsas de lixo negras e brancas
que gardan os restos dos millóns de vacas, porcos, pavos,
polos, peixes, parrulos e pombas que cada día se ofrecen en festín sen mácula.
No gume do estrés as ratas seleccionan os restos orgánicos
e a memoria dos vencidos.
Escollen o aguacate,
a *persea* americana que chega dende o sur, empoleirada nos pómulos da besta.
Froito ou onda invencible de pel escura e de palabras.
As ratas perforan o plástico e penetran no corazón do esterco. O estrés non
lles impide
escoitar o alento dos homes lixo, os pasos, o motor do camión, as voces,

o ruxe ruxe das lembranzas. Os pasos e as palabras teñen a pel escura do aguacate
e soñan en inglés, confiando na bondade do imperio que os redimirá da noite,
do infortunio das ratas, da saudade,
do sacrificio matinal do abelorio e da carne.
Yes I can, repiten. I can, I want, I like. I want, I can, I like.
Salmodia do deserto.
Os desterrados percorren as rúas convivindo co estrés,
co rillar das sombras.

> *Alguén dixo: ¡Ouh, cantos rexos emigrantes sofridos*
> *Fican para sempre baixo as correntes deste río amarelado,*
> *Pola grande ponte de Brooklyn, orgulo dos Estados Unidos!*
> *Esta ponte de aceiros elevados sobor de Nova York*
> *Ten miles de roscas, de parafusos, de aceiros.*
>
> Luis Seoane
> "A Ponte de Brooklyn". *Fardel de eisiliado*

BROOKLYN

Hai aquí un aire de patio familiar,
de carreira de nenos no colexio,
de xardín que bocexa baixo o tremer dos cedros e pradairos,
un relanzo de pasos sen medida,
feira de obxectos usados en mañá de domingo,
diadema de falcón, espiral de merlos.
Lugar para morrer. Un tempo de campá,
de sol de cemiterio, de onda fantasmal no areal de Coney Island.
Por tras das fiestras,
as estancias respiran no círculo da tarde,
no esquecemento dos escravos náuticos
que afirmaron a ponte sobre a lama dos séculos.
As sombras bailan sobre a alfombra
e xiran na elipse dun carrusel de lata.
As lembranzas amansan baixo o ceo de estrelas
que ondean na lapela, no cántico, na ollada.
Saxo tenor e ritmo de poema.
Aquí arribou Gertrud no seu exilio exterior,
de aquí partiu, insubmisa e constante,
no afán de percorrer o horizonte da historia, viaxando sobre o salto e a pomba
dende a illa do acougo
ao corazón da nada.
Cincocentas trinta e cinco entradas nos diarios. Tres mil lugares,
trinta e seis países, ducias de hoteis e de días sen chuvia.
Dende Brooklyn, Gertrud Herber teceu as derrotas do alén,
animou a construción de Sión,

lembrou París: *Je me souviens*, en verso de canción.
Brooklyn, fogar e cadaleito, pensaría. Brooklyn, quizais o sosego,
o espasmo
o recuncho no que afogar o recendo do felo e a pel queimada
do holocausto.
Brooklyn, un tempo de alcanfor e de memoria
no labirinto da ponte e da cidade apócrifa.

> *Xa non lembro como era,*
> *de que sustancia de lúa*
> *non volvín ao reino perdido*
> *e non poderei volver nunca.*
>
> José Hierro
> "Un continente olvidado". *Caderno de Nova York*

COLUMBUS DAY

Existiu un lugar primeiro
de raíces e chuvia,
un lugar anterior á memoria
confundido no dédalo do esteiro,
inocente por séculos entre o vapor das gándaras.
Lugar de sol e lama, de carreiras de antílopes,
coroado de plumas e de cantos,
de poutadas e berros.
Un lugar primixenio, parte dese universo
que albergou un milleiro de nacións e de falas,
dispersas entre veigas e selvas,
desertos e esperanzas.
Un lugar aberto ao sur polo que entraban
o mar e o vento, aneis de temporal, circos de luz
no amencer do día sétimo.
Alí era o roncar da néboa,
o respirar do frío, a memoria do lobo.
Alí varaban baleas que afogaban no seu propio pranto.
Sobre a area o mar deixaba cadernas oceánicas,
fantasmas, arrombados agoiros,
espirais sen fin coma apócema do incógnito.
Alí foi o presaxio, a morte herdada,
un espertar inxenuo, confundido polo gume do sabre,
a boca do fusil e o sangue que replica na vigorosa pel do tambor.
Aquí arribaron conquistadores e prófugos,
as candeas primeiras, as primeiras cadeas e a cea de acción de grazas.
Do corazón dos *teepees* medraron columnas de fume, rañaceos,

Nueva York: cielo y manzana / New York: Sky and Apple / Nova York: ceo e mazá

pontes sobre o río nas que aniñan o falcón,
o corvo, a pomba, o desengano. Os bosques foron mastros de peirao
e dos outeiros xurdiu un nome, Manhattan,
corazón de mazá da que todos comeron,
corazón de cianuro que abre a porta do edén,
pebidas nas que asentar a casa.
Existiu un lugar primeiro, labirinto de castor,
negro tremer de inverno no que artellar un soño,
greta que albisca o solpor, ese perfil de sombra
ou de silencio, ese baleiro anterior ao baleiro primeiro.

> *Tiña a noite unha fenda e quietas salamántigas de*
> *marfil.*
> Federico García Lorca
> "O Rei de Harlem". *Poeta en Nova York*

NEGRITUDE

A Alfonso Daniel Rodríguez Castelao

A súa estirpe nunca se confesou escrava,
por iso el tardou tanto en se sentir libre e agora,
baixo as folerpas, camiña somnámbulo pola cidade fría,
a man no peto, os ollos na derrota,
deixando atrás edificios sen corazón, árbores núas,
levando en si o estigma, baixo o abrigo, vestixio ou inflexión,
o soño de marfil das salamántigas.

Nueva York: cielo y manzana / New York: Sky and Apple / Nova York: ceo e mazá

> *Non che ofrezo esperanza. Nin sequera esperanza.*
> Mark Strand
> "Leopardi". *Poemas escollidos*

11

Precipitado Ícaro polo cantil de aceiro
non observou o voo dos estorniños,
nin a constancia dos merlos, nin a indiferenza das pombas.
As gaivotas cuestionaron a mañá,
o río, as ondas, a esperanza.
Na cornixa os falcóns
axexaron o voo desorbitado do metal a procurar
un niño na calor da explosión, no po,
na confusión dos berros.
Xa os pousos do café advertiran do caos
e o ceo era de luz aquel setembro.
A garza gris voou dende os campos de Hércules
ata Strawberry Fields, en Central Park,
á beira do lago do amor e das palmípedes.
Palmípedes as ocas clamaron abatidas.
Alarma aérea. Coa gorxa tensa
as ocas advertían sobre as aves metálicas.
As ocas do Capitolio coidaban do imperio,
e as palmípedes de Central Park choraron por Ícaro,
pola cera perdida, polo soño oxidado,
polo berro que perturba o baleiro.
A cidade calou. Só se escoitou o berro dos paxaros
voando sobre o Hudson, chorando polas ás queimadas de Ícaro
caído baixo un mar de escombros.
Na pantalla a imaxe era o fume do silencio,
o anuncio dun futuro incerto:
All hell below us. Metal reason to kill or to die.

> *As Torres*
> *Xemelgas só feriron un pouco a cidade.*
> Antonio Hernández
> "Libro primeiro". *Nova York despois de morto*

World Trade Center

Memoria ou desamparo.
Sumidoiro ou inferno.
No peitoril as letras, os nomes,
como pegadas de pombas abatidas
por un lóstrego.
As voces escorregan cara os pozos insondables,
as voces e o cuspe, fíos de auga
no cantar do espasmo,
na perplexidade de Ícaro,
no perfil do aceiro.
A sombra do paxaro proxéctase na escuma,
un agoiro de mármore
que atolda a lembranza
e estimula o berro.
Mellor unha candea,
unha humilde candea, lume ancestral
prendido na inocencia da dor,
na anunciación do desamparo.

Francisco X. Fernández Naval

Francisco X. Fernández Naval (Ourense-España, 1956), poeta y narrador en lengua gallega. Traducido a otras lenguas, entre ellas: castellano, inglés, francés, ruso, árabe, eusquera y catalán. En el año 2011, la editorial El Barco Ebrio publicaba en Nueva York una plaquette en castellano de su libro *Bater de sombras* (*Golpear de sombras*). En el año 2014, la editorial Artepoética press, publicó una antología de su obra poética, en gallego y castellano, con el título *Memoria de abril*.

Francisco X. Fernández Naval (Ourense,1956), poeta e narrador en lingua galega. Traducido a outras linguas, entre elas: castelán, inglés, francés, ruso, árabe, éuscaro e catalán. No ano 2011, a editorial El Barco Ebrio publicaba en Nova York unha plaquette en castelán do seu libro *Bater de sombras* (*Golpear de sombras*). No ano 2014, a editorial Artepoética press, publicaba unha antoloxía da súa obra poética, en galego e castelán, co título *Memoria de abril*.

Francisco X. Fernández Naval (Ourense, 1956) is a poet and writer in Galician who has been translated into other languages, notably Spanish, English, French, Arabic, Basque and Catalan. In 2011, El Barco Ebrio published in New York a booklet in Spanish of his book *Bater de sombras* (*A beating of shadows*). In 2014, Artepoética Press published an anthology of his poetry in Galician and Spanish under the title *Memoria de abril* (*April Memory*).

Craig Patterson

Craig Patterson was born in England, has an Irish passport and a Galician heart. He has translated several Galician texts into English, such as *A Esmorga* by Eduardo Blanco Amor (On a Bender, Planet 2012), *Sempre en Galiza*, by Alfonso Daniel Rodríguez Castelao (Forever in Galicia, Francis Boutle, 2016) and the poetry of Francisco X. Fernández Naval. He is a freelance translator and lives in A Coruña.

Craig Patterson naceu inglés, ten pasaporte irlandés e corazón galego. Traduciu varios textos galegos ao inglés, como *A Esmorga* de Eduardo Blanco Amor (On a Bender, Planet 2012), *Sempre en Galiza*, de Alfonso Daniel Rodríguez Castelao (Forever in Galicia, Francis Boutle, 2016) e poemas de Francisco X. Fernández Naval. Tradutor autónomo, reside na Coruña.

Craig Patterson nació inglés, tiene pasaporte irlandés y corazón gallego. Ha traducido varios textos del gallego al inglés, como *A Esmorga* de Eduardo Blanco Amor (On a Bender, Planet 2012), *Sempre en Galiza*, de Alfonso Daniel Rodríguez Castelao (Forever in Galicia, Francis Boutle, 2016) y poemas de Francisco X. Fernández Naval. Traductor autónomo, reside en A Coruña.

www.ingramcontent.com/pod-product-compliance
Lightning Source LLC
Chambersburg PA
CBHW051710040426
42446CB00008B/807